AF337722

48
Lb. 1521.

PETIT

CATÉCHISME

A L'USAGE

DES ÉLECTEURS.

IMPRIMERIE DE MADAME JEUNEHOMME-CREMIERE,
RUE HAUTEFEUILLE, Nº 20.

PETIT CATÉCHISME

A L'USAGE

DES ÉLECTEURS

DES DÉPARTEMENS.

DÉDIÉ A MM. LES ÉLECTEURS DU MAINE ET LOIRE.

PAR UN HABITANT D'ANGERS.

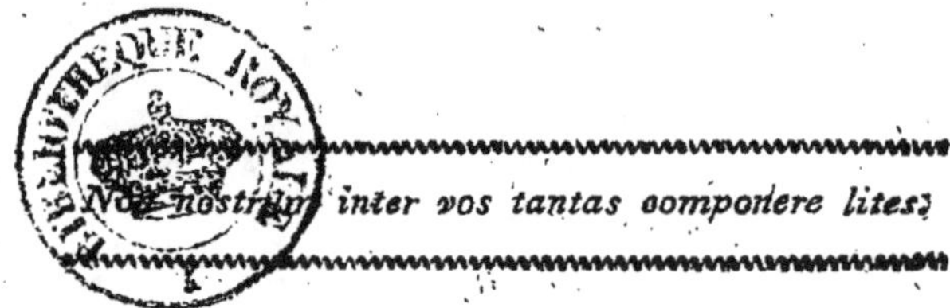

Non nostrum inter vos tantas componere lites.

A PARIS,

Chez PELICIER, libraire, au Palais-Royal. 

1820.

PETIT
CATÉCHISME

A L'USAGE

DES ÉLECTÉURS.

AVERTISSEMENT.

En offrant à MM. les Electeurs cette mince brochure, mon intention est de mettre ceux d'entre eux que différentes circonstances peuvent empêcher de donner une grande attention aux affaires publiques, plus à même de connaître et d'apprécier la conduite que tiennent ici leurs mandataires. J'ai, autant qu'il a été en mon pouvoir, rassemblé dans le plus court espace possible, les traits principaux qui appartiennent à chaque parti. J'ai indiqué de mon mieux son but et les moyens par lesquels il prétend y arriver. En cherchant à rendre service à MM. les Electeurs, j'ai eu plus particulièrement en vue mes concitoyens électeurs du département de Maine et Loire, qui renouvellent cette année leur députation· La plupart d'entre eux, croyant à la bonne foi générale, parce qu'ils la trouvent au fond de leur conscience, plus occupés, d'ailleurs, de leurs intérêts privés que de l'intérêt commun, se reposent sur d'autres des soins que tout citoyen, dans un gouvernement constitutionnel, doit apporter à la chose publique. J'honore la plupart d'entre eux, les uns comme mes amis, d'autres par les droits qu'ils ont à l'estime de ceux qui les connaissent ; mais j'ai souvent gémi de la négligence coupable que plusieurs apportent à l'exercice le plus sacré du droit de citoyen. En mettant sous leurs yeux ce qu'ils peuvent espérer d'un côté, et ce qu'ils doivent appréhender des deux autres, j'ai cherché à mettre en mouvement chez eux deux des principaux mobiles de nos actions, la crainte et l'espérance ; puissé - je du moins, si j'ai manqué mon but, avoir convaincu ceux qui voudront bien me lire, de la pureté de mes intentions.

CHAPITRE PREMIER.

Des Libéraux.

D. Etes-vous libéral ?

R. Oui, par la grâce de Dieu.

D. Qu'est-ce qu'un Libéral ?

R. C'est celui qui, pénétré du plus saint res=
pect pour la Charte, œuvre de Louis XVIII, a
juré de vivre selon elle, et de la défendre de
tout son pouvoir contre les attaques de certain
parti et de certains individus.

D. Quel est ce parti, et quels sont ces individus ?

R. J'entends par là les Ultra qui ne voient
dans la Charte qu'une transaction passée sans
leur consentement, sur des droits dont ils
prétendent avoir été dépouillés, et les ministres
qui la regardent comme un obstacle à l'ambition et au despotisme.

D. Dites-moi ce que sont, dans la Chambre
les Libéraux, les ultra et les ministériels, et de
quelle manière ces partis se sont formés ?

I.

R. Je vais d'abord vous dire quels sont les Libéraux, je vous parlerai ensuite des deux autres partis. Vous savez fort bien quel était, avant la révolution, le sort de cette classe nombreuse qu'on désignait sous le nom avilissant de roture, et à laquelle on donna depuis la dénomination un peu plus relevé de *tiers état.* L'exclusion de tous les emplois et le fardeau des impôts lui étaient tombés en partage ; les honneurs et la fainéantise étaient l'apanage des deux ordres supérieurs. Une répartition aussi inégale dut nécessairement choquer tous les gens raisonnables, à une époque où les mots de *tien* et de *mien* commençaient à recevoir dans les esprits une juste acception. Lorsque l'aurore de la révolution eut dissipé les ténèbres épaisses de l'ignorance, qui depuis tant de siècles couvraient notre belle patrie, et que la philosophie, éclairant chacun sur ses véritables intérêts, eut montré quelle distance énorme séparait les différens ordres de l'état; des hommes éclairés, pleins d'un zèle ardent pour une classe industrieuse, entreprirent de lui faire partager des droits que s'étaient arrogés le clergé et les grands à son préjudice.

D. Les Libéraux existaient donc même avant la révolution?

R. Sans doute, mais leur nom n'était pas le même. Leur courage se signala toujours par la défense des libertés du peuple et par une constante opposition aux envahissemens du despotisme ou aux progrès sanglans de l'anarchie. Philosophes avant la révolution, constitutionnels aux assemblées nationales, derniers soutiens de la liberté le 18 brumaire, libéraux enfin en 1815, et depuis, ils soutinrent toujours le même rôle avec honneur et fermeté.

D. A présent que je sais où ont commencé les libéraux, et à quelle époque ils ont figuré, dites-moi ce qu'ils ont fait en 1815.

R. Ils soutinrent avec courage le gouvernement contre les fureurs insensées d'une faction qui voulait nous ramener au temps de la terreur et des échafauds; leur faible minorité se déclara pour ce même gouvernement, parce qu'alors il était populaire et que sa cause était celle de la nation; et l'événement a assez prouvé de quel côté était l'esprit d'ordre et de tranquillité, et de quel côté se trouvait l'esprit de trouble et de révolution! Pouvons-nous l'oublier, ce régime de 1815, où les lois d'exception, l'exil et les vexations de toute espèce étaient en vigueur ! a-t-il tenu aux ultra que ce temps ne nous en rappelât un plus affreux encore, et si leur faiblesse n'eût trompé leur envie, peut-être 93 se serait-il vu revivre dans 1815 ! Heureusement la sage précaution du monarque trompa leurs espérances, et la loi du 5 septembre 1816 mit la France à couvert de leurs folles entreprises.

D. Qu'ont fait les Libéraux à la Chambre depuis 1815 jusqu'à ce temps.

R. Fidèles à leur parti et au mandat qu'ils ont accepté, ils se sont toujours montrés zélés défenseurs des droits du peuple. Ils ont constamment prêté leur voix au pétitionnaire opprimé, qui venait implorer la protection de la Chambre contre les vexations du pouvoir. Avec quelle chaleur n'ont-ils pas plaidé la cause de ces vaillans défenseurs de la patrie, à qui, pour prix de leur sang répandu si souvent en combattant contre les ennemis de la France, on a retranché une partie d'une modique pension si chèrement acquise ! et dernièrement encore, avec quel feu, quelle énergie un des leurs n'a-t-il pas signalé à la Chambre l'injustice criante dont nos vieux soldats sont les victimes ! quelle ame vraiment française refuserait de joindre sa voix aux acclamations qui ont accueilli ce discours national ! Ah ! s'il est des factieux, des esprits pour qui le tourbillon des révolutions soit un besoin, du moins ne les cherchons pas dans les rangs de ces généreux députés dont l'ame s'ouvre si facilement aux plaintes du malheur et de la faiblesse ! ne les cherchons pas dans les rangs de ceux qui ne demandent que ce qui est, ne veulent que ce qui existe, et ne réclament du gouvernement que le maintien des garanties données. Est-ce donc être factieux que d'invoquer la foi des traités ? et quel traité doit être plus à l'abri des violations que celui qui lie le peuple à son souverain ! L'exécution pleine et entière de la Charte a toujours été réclamée par les libéraux, et elle a toujours été le but où ont tendu leurs généreux efforts.

D. La Charte était donc menacée en 1815 ?

R. A peine elle nous est donnée que déjà les lois d'exception viennent souiller ses plus belles pages ; les libéraux s'élèvent avec force contre cet état de choses où l'arbitraire prend la place de la loi. Enfin l'ordonnance du 5 septembre, ramène le calme au milieu de nous. La Charte peu à peu se dégage des entraves qui la retenaient ; nos garanties les plus précieuses nous sont rendues, et la constitution n'attend plus que quelques lois pour attendre son parfait complément. Les libéraux alors saluent de leur reconnaissance le ministre auteur de ces bienfaits.

D. Que firent-ils en faveur du ministère ?

R. Ils acceptèrent avec joie les espérances alors permises aux amis de la paix et de la prospérité de la France. Le caractère connu des nouveaux ministres semblait appeler la confiance des français, les libéraux s'empressèrent de seconder leurs vues. Mais le rôle de droiture et de franchise adopté par les ministres, ne tarde pas à peser à quelques-uns d'entre eux : l'orgueil et la jalousie d'un des membres du conseil s'indignent de la popularité d'un de ses collègues, et bientôt la séance du 19 mars 1819, montre que le ministère a changé de système.

D. Quelle est alors la conduite des libéraux ?

R. Restés fidèles à celui qu'ils ont adopté, ils se trouvent en opposition sur quelques points avec le gouvernement, mais ils voient toujours en lui le sauveur de nos libertés. Le ministère, ou plutôt le ministre, fort du parti qu'il s'est créé dans la chambre, cherche à se maintenir dans le chemin de l'arbitraire au mépris de la constitution ; mais la nation s'éclaire sur ses véritables intérêts et le renouvellement de la troisième série, en maigrissant horriblement le ventre, apporte un renfort considérable au côté gauche. Que faire alors ? Que peut-on opposer à la France qui veut jouir d'une liberté qu'on lui a donnée ? Ne voulant pas marcher avec les idées nouvelles, le ministre prend tout bonnement le parti de rétrograder vers 1815. La nation attend avec anxiété quel sera le résultat de ces petites manœuvres, les libéraux apprêtent une vigoureuse résistance, et s'ils n'ont pas l'honneur de la victoire, ils montreront du moins, comme les héros des Thermopyles qu'il y a de la gloire dans la défense.

CHAPITRE II.

Des Ultrà.

D. Qu'est-ce qu'un *ultrà ?*

R. C'est un homme dont l'esprit tourné sans cesse vers le passé qu'il regrette, hait le présent qu'il redoute, et ne pardonne à l'avenir qu'en faveur du *règne du bon plaisir* qu'il en attend.

D. Qu'est-ce que le *règne du bon plaisir ?*

R. C'était un temps bien heureux, un régime charmant,

Tout confit en douceurs et plaisirs,

pour les prédestinés de l'époque. C'était alors que les rois délivrés du joug honteux d'une constitution, avaient carte blanche pour toutes les petites fantaisies qui leur passaient par la tête ; ils levaient des impôts, emprisonnaient leurs sujets, travaillaient, exploitaient le peuple *ad libitum*, puis au bas de l'acte qui sanctionnait toutes ces actions, ils mettaient pour tout *considérant*, car *tel est notre bon plaisir* ; c'est de là que ce régime a tiré son nom.

D. Comment les ultra. peuvent-ils désirer un ordre de choses aussi contraire au bonheur public ?

R. En voici la raison : toutes ces charges, comme nous l'avons vu au chapitre des libéraux, ne pesaient pas sur toute la nation, puisque les ordres supérieurs en étaient affranchis. Exempts du fardeau des impôts, et ayant au contraire leur part dans l'exploitation plébéienne par les dîmes, les corvées, etc. les nobles, auxquels se rattache la faction des *ultrà*, dûrent nécessairement voir , avec chagrin, changer un état de choses qui leur présentait tant d'agrémens. Que leur importait, en effet, que le reste de la France courbât péniblement la tête sous le poids énorme des charges qui l'accablaient, ils étaient heureux par nos malheurs et à l'exemple d'un Roi dont ils ont gardé un bien doux souvenir, LA NATION, C'EST NOUS, disaient-ils. Au reste tous ne pensent pas ainsi, il en est qui nourris des idées sublimes de la philosophie et laissant loin d'eux les vains préjugés de l'ignorance et de la routine, ont préféré marcher avec le siècle qu'ils honorent par leurs talens.

(16)

D. Quelles raisons les *Ultrà* ont-ils de redouter le temps présent ?

R. Ils ne le redoutent que par l'idée de stabilité qu'il leur présente. Tant qu'une contrérévolution ne nous aura pas ramené au régime féodal, ils ne cesseront pas de crier au scandale !

D. De quels moyens se servent-ils donc pour ramener l'ancien état de choses ?

R. En 1815, c'était une affaire faite ; et déjà ces messieurs disposaient à leur gré de nos fortunes, de nos libertés, et même de nos têtes. Les jacobins de 93 se voyaient revivre dans les royalistes de 1815 qui, aux cris de *vive le Roi!* massacraient sans pitié les sujets du Roi de France. On préludait par la terreur à la rentrée des biens nationaux, au retour des privilèges ; et à l'ombre de cette époque fortunée, les jésuites rentraient tout doucement en France. Ils s'emparaient exclusivement de l'éducation de la jeunesse, et cherchaient à préparer la génération nouvelle à ces idées toutes philantropiques. Malheureusement la plupart de ces moyens n'ont pu recevoir une entière exécution. Le système de Marat et de Robespierre était de jeter à bas toutes les têtes qui ne pensaient pas comme eux, et c'était bien aussi l'idée de ces messieurs ;

mais outre qu'ils auraient eu fort à faire , la nation , sortie de l'étonnement où l'avait jetée la subite apparition des étrangers , ne se voyait pas sans indignation au pouvoir d'une misérable poignée de factueux. On prévit à quoi tendaient leurs efforts, et la sagesse royale y mit un terme. Alors sans changer de système , ils changèrent de manœuvres. Désappointés dans leurs entreprises du midi , ce n'est plus à MM. de Tastaillons , de Pointu et à leurs dignes acolytes qu'ils ont maintenant recours pour persuader la nation , ces moyens de douceur qui les plaisaient pourtant assez sont passés de mode depuis le 5 septembre 1816 , mais c'est aux apôtres modernes de la religion, aux saints missionnaires, aux révérends pères de la foi , qu'ils ont confié le soin de leurs plus chères destinées. Ces bons pères vont prêchant par toute la France la charité avec la restitution des biens des nobles et de l'Eglise , et la paix en même temps que la destruction des hérétiques ; c'est par de tels moyens qu'ils veulent reconquérir des droits et des priviléges que leur avaient enlevé la soif des richesses et l'envie de dominer.

D. De semblables provocations ne sont-elles pas une atteinte directe à la Charte qui a con-

sacré l'irrévocabilité de la vente des biens nationaux et la liberté des cultes ?

R. Sans doute, aussi les *Ultra* ne veulent-
ils point de la Charte. Ils ne s'en cachent plus,
c'est par des coups d'état qu'ils prétendent im-
poser à la France le joug du despotisme (1). Au
reste ces infractions à la loi ne sont pas les
seules que nos révérends pères en Dieu se per-
mettent sous le manteau de la religion; sans
doute la liberté des cultes est admise; sans
doute un citoyen ne doit pas être forcé à
rendre hommage à Dieu, suivant un rit qui
n'est pas le sien! mais que sont ces considérations aux yeux d'hommes qui ne reconnaissent de puissance temporelle que celle du
pape !

D. En suivant toujours la même donnée, et
sous cette dénomination d'*hérétiques*, j'arrive
aux protestans et je demande pourquoi, étant
sujets du roi de France, ils ne sont pas pro-
tégés par les lois qui régissent les Français ?

R. Les lois reconnaissent en effet leurs droits,
ils ont le libre exercice de leur culte; et l'on
s'occupe dans ce moment, nous dit-on, de les

____

(1) Voir le discours de M. de Villèle à la chambre
des députés, séance du 15 janvier.

faire jouir des prérogatives attachées à leur religion ; mais messieurs de la mission , dont les
moindres soucis sont de se voir en contradic-
tion avec la loi, cherchent à attaquer , par
tous les pieux moyens qu'ils savent si bien
mettre en usage , les droits reconnus des reli-
gionnaires : quelle douce éloquence n'em-
ploient-ils pas auprès des jeunes vierges qui
tombent entre leurs mains ! avec quel zèle
ne travaillent-ils pas à ramener dans le chemin
du salut des enfans égarés qui ont suivi la religion de leurs pères ! écoutez les pieuses exhor-
tations qu'ils adressent à la jeune néophyte ,
soustraite à l'autorité de ses parens ! Jésus-
Christ a dit : *croissez et fécondez ma vigne* , et
les bons pères travaillent de tout leur cœur à
l'accomplissement du précepte.

D. Vous parlez d'enfans soustraits à l'autorité paternelle, un pareil attentat est-il donc
resté impuni ?

R. A l'exemple du héros de Molière , les
bons pères ont réponse à tous ;

La volonté du Ciel soit faite en toutes choses.

vous disent-ils, et l'on sent aisément qu'un
pareil argument doit rester sans réplique.

D. Pensent-ils, par ces moyens violens , à

faire triompher une religion qui ordonne avant tout de ne pas faire à autrui ce que nous ne voudrions pas qui nous fût fait ?

R. Habitués à séparer les huguenots du reste de la nation (1), comme ils le sont de la religion catholique et romaine, leurs révérences ne voyent dans ces persécutions évangéliques que l'exercice de la liberté du culte sous un gouvernement constitutionnel, et l'œuvre la plus méritoire aux yeux d'un Dieu de paix et de miséricorde.

D. Quel fruit les Ultra espèrent-ils recueillir de ces persécutions ?

R. Ils veulent anéantir un parti, ennemi né du pouvoir absolu, dont il a si souvent été la victime. Dominer sur nous, tourner au profit de son agrandissement et de son ambition notre industrie et nos fortunes, tels seront toujours les projets d'une minorité turbulente et factieuse qui s'obstine à distraire son intérêt particulier de l'intérêt général.

-----

(1) La faction, lors de l'éloquent discours du général Foy à la Chambre des députés, déclara par l'organe de M. de Villèle, qu'elle regardait Louis XIV comme un roi dont la mémoire fut chère au peuple ; or, certes elle né comptait pas l'affection des protestans dans ce concours de bienveillance.

D. Si les Ultra sont aussi peu nombreux que vous le dites, quelles alarmes peuvent - ils causer au milieu d'une nation comme la France ?

R. Par leur activité et le mouvement perpétuel de leurs intrigues, ils suppléent à leur petit nombre. Attachés à la même cause, liés par les mêmes intérêts, les Ultra combattent avec une audace et un acharnement continuels.

D. Les Libéraux n'apportent donc pas dans la défense de leurs droits, la même opiniâtreté que les Ultra mettent à les leur ravir.

R. Non, et la raison en est toute simple ; les *Ultra* forment une faction ; or, une faction n'existe que par des communications continuelles sur le même sujet, entre les individus qui la composent ; de là naissent les rapports qui s'établissent entre eux et qui les attachant à une cause commune, tournent sans cesse leurs esprits vers les intérêts de cette même cause ; de là ensuite cette chaleur, ce feu qui continuellement les tourmente et les agite. Les Libéraux, au contraire, forme la masse de la nation ; or, une nation n'a jamais été une faction : se reposant d'ailleurs sur la bonté de leur cause et sur la foi des garanties qui leur ont été donnés; ces derniers mettent toute leur confiance dans la parole d'un roi qui l'a déclarée *inviolable*.

D. Les *Ultra*, dans le sentiment de leur minorité, ne comptent pas, sans doute, sur le suffrage de la nation?

R. Soit aveuglement, soit mauvaise foi, ils se flattent d'avoir rallié la France entière à leurs opinions ; du moins, leurs journaux le proclament-ils hautement tous les jours.

Pauvres gens ! comme si nous n'étions déjà loin du temps où le peuple opprimé baisait la main qui lui donnait des chaînes ! Heureusement ils ne trompent personne, et la nation voit avec plus d'étonnement que de crainte leur présomptueuse audace.

D. Avec de pareilles idées, comment la nation a t elle pris ses mandataires parmi de tels hommes ?

R. A l'époque où se forma la Chambre, la France sortait d'une crise, courte à la vérité, mais violente ; la nation étourdie du fracas d'une invasion étrangère, apportait moins d'attention à la chose publique, et l'intrigue triompha plus facilement dans les élections. A mesure que l'esprit public se réveille, les *ultra* disparaissent de la Chambre : le peuple enfin a re-

connu quels étaient ses véritables défenseurs ;
le dernier renouvellement l'a fait voir, il remet
ses intérêts aux mains qui savent les défendre,
et non aux hommes dont le seul but est de le
rappeler sous le joug qui lui coûta tant de
peine à briser.

CHAPITRE III.

Des Ministériels.

D. Qu'est-ce qu'un *Ministériel ?*

R. Un Ministériel est un homme qui, renonçant à la liberté de sa conscience, fait profession de parler et d'agir au geste ou à la parole d'un ministre.

D. D'après cette définition , vous assimilez donc ces bons députés , courtisans des ministres, aux automates qui dans leurs mouvemens n'obéissent qu'à l'impulsion des fils qui les font mouvoir ?

R. Sans doute , et rien au monde ne pouvait mieux que cette comparaison vous donner une idée juste des gens qui , dans la Chambre, forment le parti qu'on est convenu d'appeler le *ventre.*

D. D'où lui vient cette dénomination ?

R. D'abord les gens qui se proposaient de soutenir les ministres , se plaçaient au-dessus d'eux , au milieu même de la Chambre , alors par opposition au nom de côté gauche et de côté droit qui fut donné aux Libéraux et aux Ultra , on donna au parti du milieu le nom de *centre*. Mais s'apercevant bientôt que le principe pensant ou agissant, comme vous voudrez l'appeler, se trouvait tout entier dans le ventre chez quelques-uns de ces messieurs , et quelle influence un bon dîner exerçait sur leurs votes , le public équitable les appela *députés du ventre* , *ventrus* , etc.

D. Que parlez-vous de dîners à l'occasion des députés ?

R. Je veux dire que la table de Monseigneur est l'écueil où vient échouer la conscience des députés qui l'approchent : ce moyen est même un de ceux sur lesquels leurs excellences fondent le plus d'espoir ; demandez plutôt aux ministres. A la vérité , ils ont bien en leur pouvoir un assortiment complet de places, de titres et de cordons qu'ils offrent aux députés en échange de l'estime et de la considération publiques ; mais qu'est-ce que tout cela ? et la conscience que de pareilles offres n'ont fait qu'ébranler, pourra-t-elle résister à l'air touchant et pénétré avec lequel monseigneur au milieu du dîner , parle de ses projets pour le bonheur et la prospérité de la France ? Quels principes seraient à l'épreuve des combinaisons savantes de son cuisinier et des vapeurs enivrantes de ses vins!

D. Comment des hommes honorés du choix et de la confiance de la nation peuvent-ils céder à de pareilles considérations ?

R. Hélas! quand le dessert arrive, les derniers scrupules se noient dans le vin, l'estomac est rempli, la tête s'échauffe, et l'honneur reste au fond de la bouteille.

D. De quelle utilité de pareils hommes peuvent-ils être aux ministres pour soutenir leurs projets?

R. Il est vrai qu'ils n'ont point dans leurs discours ni l'éloquence heureuse du patriotisme et de la liberté, ni les traits hardis d'un fanatisme exagéré; mais ils ont mieux que cela pour eux, ils ont la *clôture* et *l'ordre du jour.*

D. Qu'entendez-vous par ces mots?

R. Lorsque les ministres n'ont pas de bonnes raisons à donner en faveur de leurs projets, ils donnent le signal, et à l'instant leurs agens, déployant toute la vigueur de leurs poumons, arrétent l'orateur opposant par ces cris : *la clôture, aux voix, l'ordre du jour.*

D. Ils font donc une profession publique de nullité et d'abjection ?

R. Quelquefois, emportés par leur zèle, ils

devancent le signal ; mais le ministre , par un LAISSEZ PARLER , leur impose silence , et tous se taisent au même instant.

D. Ce parti est – il nombreux dans la Chambre ?

R. Il l'a été ; mais dans ce moment il est terriblement affaibli. Plusieurs de ses membres, recommandables d'ailleurs par de grands talens, ont marché sans scrupule avec le ministère tant qu'il n'a point dévié de la ligne constitutionnelle ; mais ils l'ont noblement abandonné dans la route ténébreuse où il semble vouloir s'engager.

D. Les Ministériels votent donc sans examen pour le Ministre qui les paye , des impôts levés sur le peuple qui les a nommés pour le défendre ?

R. Oui : sans doute. Cependant il en est parmi eux , qui , pour garder encore quelqu'ombre de décence , parlent contre les ministres et votent dans leur sens.

D. Osent-ils prétendre , après cette conduite, à l'estime de la nation ?

R. Je ne le crois pas , mais les bienfaits de son excellence les dédommagent du mépris public qu'ils reçoivent ; grace à leur conduite, espérons que nous ne reverrons plus ce

triomphe scandaleux du ministère où ses
agens ont obtenu la pluralité des voix au préjudice des citoyens qui réunissaient l'assen-
timent général des électeurs ; espérons qu'enfin la nation éclairée sur ses véritables intérêts
apportera plus de soin et d'activité dans la
défense de ses droits les plus précieux.

CONCLUSION.

QUELS seront donc , d'après cela , les
hommes sur lesquels les électeurs fixeront leur
choix ? Iront-ils prendre les défenseurs de
leurs droits parmi les ennemis nés des droits
du peuple ? Parmi ces hommes qu'irrite la plus
petite innovation au régime féodal ? à quels
titres ont-ils mérité la confiance de la nation ,
eux qui toujours en guerre contre leur patrie,
n'ont eu pour prétexte qu'un refus constant
de coopérer à son salut , lorsque la dette
énorme qui l'accablait, menaçait de l'entraîner
dans une ruine complète ? depuis 1816 les
Ultrà ont-ils cessé un seul instant de se dé-
chaîner contre cette loi des élections qui ne
permet l'entrée de la chambre qu'aux vrais

représentans de la nation ? ne serait-ce point le sentiment de leur propre conscience qui aurait suscité chez eux tant d'animosité contre cette loi ? et n'ont-ils pas senti que leur empire cessait là où les droits du peuple étaient re-connus ?- la loi des élections telle que nous l'avons maintenant, nous disent-ils tous les jours, ouvre le chemin à la licence et à l'a-narchie; malheur au trône si elle est conservée! Quelle pitoyable absurdité ! est-il, je le de-mande, une loi plus capable de réprimer le désordre et le trouble que celle qui met les élections entre les mains des commerçans de toutes les classes ? quelles personnes sont plus intéressées à maintenir l'ordre et la tranquil-lité que celles dont toute la fortune repose entièrement sur le crédit public ? Il est certain en général, que le marchand patentéà3oo fr. a plus à craindre d'un bouleversement que le propriétaire de dix mille livres de rente en biens fonds. Ainsi donc messieurs les Ultra; cessez vos déclamations hypocrites, vos beaux discours ne nous séduiront plus, chaque jour la vérité perce au travers; ce n'est point un bouleversement que vous craignez, mais bien la stabilité d'un ordre de choses qui ne vous permet plus d'espérer le retour de l'ancien

régime. Epargnez-vous donc des soins super-
flus, vous n'êtes point le fait des électeurs qui
veulent la Charte. Sera-ce plutôt ces hommes
qui, commensaux assidus des Ministres, les
mains toujours ouvertes aux gratifications, se
feraient un crime de contrarier en rien les
vues de son excellence, alors même qu'elles
sont le plus nuisibles à l'état. Mais, dira-t-on,
comment reconnaître si un propriétaire, par
exemple, une fois député, deviendra cour-
tisan des ministres, ou, en d'autres termes,
comment reconnaître si l'ambition des places
l'emportera chez lui sur l'ambition de l'honneur, lorsque, jusques-là, tranquille au sein de
sa famille, administrant paisiblement ses re-
venus, il n'a laissé voir dans sa conduite
privée aucun désir de s'élever aux emplois publics. Il serait, j'en conviens, difficile de déter-
miner au juste à l'égard de certains individus,
et par le manque d'occasions qui auraient
servi à donner une connaissance exacte de
leurs principes, s'ils doivent être exclus de
l'honneur de la nomination, ou s'ils doivent y
être admis; mais à défaut de règles certaines
qui puissent guider les électeurs en pareil cas,
il est permis du moins de décider qu'on ne
doit pas nommer ceux d'entre les candidats

qui offrent le plus de probabilités en faveur de la séduction. Les fonctionnaires publics, par exemple, dont la révocation est à la disposition du ministre, ne sont-ils pas exposés plus que tous autres à se ranger du parti de leur protecteur au préjudice même de leurs commettans ? le parti ministériel, dans la Chambre, n'est-il pas en grande partie composé de fonctionnaires publics ? et l'on ne trouve à opposer à un aussi grand nombre que deux hommes, que la perte de leurs places n'a pu arracher au parti qu'ils avaient embrassé. Un tel exemple n'est-il pas fait pour avertir les électeurs de détourner leur choix des fonctionnaires publics. En effet si, comme nous venons de le voir, ces derniers sont plus portés à suivre aveuglément la marche du ministère, quels gens sont plus qu'eux indignes de remplir les fonctions de député. Les Ultra me sembleraient préférables; car avec eux, grâce à leurs excès, on sait au moins sur quoi compter. Personne n'est assez leur dupe pour douter maintenant que c'est l'ancien régime dans son intégrité qu'ils demandent, mais avec les Ministres d'à présent, sait-on aujourd'hui ce qu'ils voudront demain ? Le système du jour est-il celui de la veille ? peut-on compter un seul instant sur des promesses violées tant de fois ? Quel triste essai ils nous font faire du régime constitutionnel ! grâce au système de bascule ils ont trouvé le moyen de mécontenter tout le monde ; l'opinion publique, ce soutien puissant d'un Ministère, leur refuse aujourd'hui son appui. Ils sont seuls dans ce moment contre la nation qu'ils ont pris tant de peine à désabuser. Mais que le ministère soit franchement constitutionnel et toute la Chambre deviendra ministérielle. Puissions-nous voir bientôt cet heureux temps ! quant à moi, ma tâche est finie. Je vous ai fait voir, messieurs les Electeurs ce que c'est qu'un Libéral, un *Ultra* et un Ministériel, maintenant choisissez.... *non nostrûm inter vôs tantas componere lites.*

www.ingramcontent.com/pod-product-compliance
Lightning Source LLC
Chambersburg PA
CBHW061714060726
47597CB00006B/2363